"T'EN FAIS PAS ! VIENS

À MONTPARNASSE !"

enquête illustrée sur le

montpar-nasse actuel

avec les réponses de Mmes et Mlles
rachilde, dolly sisters; H. de régnier, van dongen, maurice dekobra, champly, cami, maurice verne, pol rab, payen, j. delteil, r. wisner, e. fernand-dubois, de fouquières, dominique bonnaud, m. georges-michel, duvernois, zadkine, rappoport, granowski, r. dorgelès, fratellini, p. reboux.

préface, légendes, dessins d'Henri Broca

T'en fais pas,
viens à Montparnasse !

WE ONLY LOST
ONE CUSTOMER
HE DIED!
ASK FOR A NICOLAS
NO
BAL
BAL
BAC
SAMEDI
HBroca

KIKI

N'ayant pas trouvé un Pékinois à son goût, Kiki adopta le doux Man Ray, qui tâche à lui rendre la vie facile, et qui a bien raison. Kiki n'est plus ce qu'elle a été, mais elle n'en représente pas moins une époque héroïque du Montparnasse. Elle connaît une de ces petites chansons bretonnes...

2

que ces messieurs burent à la France, au lendemain de leur arrivée, emmi un monceau de cartes à signer.

Voici le sculpteur Zadkine, assis dignement à la Coupole, où vous apercevez également Foujita, ses femmes (l'ancienne et la nouvelle) et le nouveau compagnon de cette aimable ex-inspiratrice du grand peintre japonais. La Coupole, inaugurée au début de l'année, n'a pas de caractère spécial, chacune de ses tables a le sien propre — du polonais au polynésien, du chrétien au bouddhiste. Mille personnes y boivent mille bocks, et la clientèle se renouvelle toutes les heures. Voici Kisling, en rupture de Côte d'Azur, et Brunelleschi, qui rêve à Venise, et Fernand Léger, et Parisys, et Trébor, et Henri Varna... « tiens ! Il y a donc des Français ? » murmure Rappoport en saluant Guy Arnoux.

Où va donc cet israélite qui semble faire un commerce sournois de bijoux ou de prêts sur gages ?

Au Select, refuge des noctambules, où se trouve déjà le fakir Kharis,

qui est, paraît-il, le mari de Germaine Berton. Le comte Karolyi, en bonne et bruyante fortune, oublie la Hongrie et s'incline devant Mme Marilli de Saint-Yves, acquittée par le jury de Seine-et-Oise.

Devant la porte, le peintre espagnol Luzyarte prend un foudroyant départ dans sa petite auto à pédales et s'arrête à la Rotonde. C'est à la Rotonde que le statuaire

Dubois, président de la H o r d e d u Montparnas - se, tient ses assises. Sa barbe fleurie trempe tous les soirs de cinq à sept dans des demis si mousseux qu'on ne saurait dire ou s'arrête la barbe et où commence la bière. Un brouhaha, un mot bien senti... C'est Kiki, la seule, l'unique qui traverse majestueusement les salles, flanquée du fidèle Man Ray, photographe dont les yeux semblent deux objectifs toujours aux aguets, et qui paraît supputer continuellement un temps de pose pour je ne sais quelle photo irréalisable ! Tous deux grimpent au Dancing où l'ange gardien du lieu, M. Brosset, filtre les arrivants avec une sévère amé-

nité. Ce Brosset est celui qui lança les expositions — gratuites chez lui — de tableaux à vendre, ce dont tous les peintres de Montparnasse lui sont reconnaissants. Et puis c'est le Jockey, où défilèrent Londres, Berlin, San-Francisco et Paris, et dont la vogue continue est un sujet d'étonnement — et de rancune... Catelain, Crommelynck, Mosjoukine...

Dancing également, La Cigogne reçoit à minuit les joyeux drilles du quartier et les smokings retour du Music-Hall. Devant le succès de son établissement le patron agrandit la maison tous les six mois et transforme la décoration tous les ans. Heureux M. Vacher qui faites fortune en abreuvant les frères de Modigliani...

Ce kaléidoscope défie plume et crayon. Il faut, comme on dit, le voir pour le croire ! Inutile donc d'insister. La porte est entr'ouverte, partez !

Henri BROCA.

ZADKINE

« Montparnasse ? Le seul endroit de Paris fréquentable à « condition de n'y pas fréquenter les artistes ».

ZADKINE.

AICHA

Elle est célèbre et immuable, aimée et respectée. Elle trône chaque soir à la Rotonde, au milieu d'amis qu'elle enrichit de souvenirs personnels et inédits. C'est la grande dame foncée du Montparno.

Que pensez-vous du Montparnasse actuel ?

MADAME RACHILDE « Le Montparnasse actuel me fait l'effet d'un rendez-vous donné à tous les rastas du monde par pas mal de snobs qui peuvent payer à boire à autant de bandits de lettres qui aiment à boire sans payer !... »

HENRI DE REGNIER « Excusez-moi, « Monsieur, de « ne pas ré- « pondre à votre « enquête sur Montparnasse, mais « ce quartier n'a pour moi rien de « particulier, et je n'en fréquente « guère que la gare... »

HENRY CHAMPLY « Montparnasse ? c'est bien, n'est-ce pas, ainsi qu'on appelle une banlieue — un peu éloignée — de New-York, où les Américains s'amusent ?

« Je vis à Paris et je n'ai donc guère de documentation personnelle sur ce pays étranger. Mais on m'a dit qu'il était fort curieux... »

CAMI « Mon cher enquêteur — tenace et spirituel. Le Montparnasse actuel ? Connais pas. Je voyage très peu à l'étranger. »

VAN DONGEN « Montparnasse est un coin de Paris charmant, un peu province et incolore mais où il doit être agréable de travailler et vivre dans le calme. »

LES DOLLY SISTERS

«Nous regrettons de vous informer que nous ne connaissons pas Montparnasse, nous n'y sommes jamais allées, et nous n'en pensons par conséquent pas grand'chose.

« D'ailleurs, nous ne parlons que le français et l'anglais et, comme à Montparnasse, on ne parle, paraît-il, ni français, ni anglais, nous n'avons rien perdu en n'y allant point, car, de toutes façons, nous n'aurions rien compris à Montparnasse. »

ROLAND DORGELÈS

« Le Montparnasse actuel ? Connais pas...

« Je ne me suis pas assis trois « fois à la Rotonde... une Rotonde « qui n'était peut-être que le « Dôme... »

GRANOWSKI

« Je suis le premier client de la Rotonde, ça remonte à 1906. Mais Montparnasse a bien changé !

« C'est une très bonne chose que la Foire aux Navets ; les marchands ont protesté ! Ça ne fait rien ! On vend pas mal, vous savez !

« Si vous voulez, dites donc qu'il y a ici beaucoup trop de profiteurs et de tapeurs, pas artistes du tout... »

HENRI DUVERNOIS

« Excusez-« moi, j'i-« gnore tout du Montpar-« nasse actuel — sauf les talents « réels qui en sont sortis. Je ne pour-« rais vous parler que d'une époque « préhistorique, celle où Montpar-« nasse n'était ni conscient ni orga-« nisé, et cela serait dépourvu « d'intérêt. »

FOUJITA

Soi-même !

De l'importance dans le regard, dans le ventre, dans la démarche. Parle avec onction, mange avec dignité. Officier de la Légion d'honneur, doit changer de rosette tous les jours. Fait, paraît-il, autorité, chez les écrivains de langue portugaise.

POL RAB «Montparnasse? Une tour de Babel qui s'amuse à se déguiser 364 jours avant la Mi-Carême ! »

DOMINIQUE BONNAUD « Je connais mal Montparnasse et j'en suis resté, sur ce sujet, aux descriptions si amusantes de Huysmans dans les *Sœurs Vatard ;* mais je devine, je perçois la vogue croissante de ce quartier d'artistes, et, pour moi, la question se pose ainsi : Montparnasse connaîtra-t-il la vogue, encore très active, de Montmartre et, dans un temps donné, sera-t-il ce que la Butte fut si longtemps : une terre sacrée de poètes, d'artistes et de rêveurs ?...

« Au fond — et cela va vous paraître sans doute un argument bien « bourgeois » — il y a dans cette vogue de quartiers une question économique. A l'époque où je fréquentais — avant d'y chanter — le Chat Noir — les petits cénacles, les « boîtes à couplets », les cabarets qui se multipliaient, là-haut, nourrissaient leur homme. Le prêtre vivait de l'autel. Il en vivait mal, j'en conviens. Mais à cette époque heureuse, on se contentait de peu, et jamais dans l'âme d'un Cros, d'un Goudeau, d'un Willette n'entrait une seconde le souci du lendemain. On était au plus haut point insouciant et l'on affichait même volontiers le mépris des nécessités de l'existence. Cette existence, il est vrai, était si facile !... En est-il de même aujourd'hui, hélas ! Je ne le crois pas et la Bohème est bien morte.

« Remarquez que je ne verse pas ici le pleur du « laudator temporis acti ». Je ne vais pas entonner l'éternel et ridicule rondeau à la louange du passé. Mais si, comme je le crois, Montparnasse est destiné à tenir le rôle, assez lourd, qu'un nom pareil lui assigne inexorablement, c'est qu'il sortira de la chrysalide actuelle un papillon fort différent de celui que Montmartre vit naître et s'ébattre aux flancs de sa colline.

« Des noms nouveaux se prononcent, des talents s'affirment, d'une note imprévue, bref, une phalange d'esprits jeunes — excessifs parfois comme il sied — mais dont l'intérêt est indéniable, un «personnel», si j'ose ainsi parler, tout neuf (et non pas renouvelé). Voilà ce que je distingue à l'état d'éclosion en haut de la butte latine.

« Et dans cinq ou six ans, l'avenir dira si j'ai été bon prophète... En tout cas si ce « mouvement » bien dessiné n'aboutit à rien de durable, la faute en sera, je le répète, aux exigences de la vie, de la dure vie moderne qui ressemble un peu à celle des travaux forcés et où n'ont plus guère de place ces deux choses délicieuses : la flânerie et le rêve ! »

MAURICE DEKOBRA « Je connais très « superficielle- « ment le Montparnasse de « 1928. Je sais qu'il contient une « gare, et sur les plaques tournantes « d'icelle, une étrange colonie d'esthètes qui se nourrissent de « triangles isocèles sur toile et de « rhomboïdes sur glaise. Sans compter les aèdes brevetés S. G. D. G. « qui font rimer cocaïne avec « bluff...

« Vous m'excuserez donc de ne « pas vous en dire davantage, car « je n'ai pas de parts de fondateur « du « Jockey ».

MARILLI DE SAINT-YVES

Tranche sur le commun, œillades assassines, profil en lame de couteau.

UNE DAME

Une dame... chut !

LES FRATELLINI

PAUL. — Nous aimons beaucoup Montparnasse ! c'est un nouveau centre de gaîté, qui n'enlève rien, c'est vrai, à Montmartre, mais qui...

ALBERT. — ...est très pittoresque... il y a beaucoup de peintres !

FRANÇOIS. — Nous aimerions beaucoup faire un cirque à Montparnasse !

RENÉ WISNER

« Mais ce qui fait surtout le charme de Montparnasse, c'est la vieille rue de la Gaîté, si bien nommée. Les pâtisseries sont uniques. Des fraises avariées baignent dans de petits canots en pâte, les éclairs rampent et se diluent sur leur assiette, les choux à la crème se dégonflent dès qu'on les touche, les babas sont ramassés sur eux-mêmes et tout juteux d'un rhum inqualifiable. Les confiseries exposent des dragées dont la blancheur tire sur le noir, dont le rose est élégiaque, des sucres d'orge qui fondent d'eux-mêmes, des marrons glacés gros comme un rat ; des magasins offrent des cravates voyantes qui tapent dans l'œil brutalement, des vêtements de travail ressemblant à de la fantaisie. Le soir, le timbre des cinémas grelotte ; les cafés-concerts illuminent, annoncent des chanteuses célèbres dont le nom est inconnu, des comiques dont l'image, en couleurs éclatantes, fait honte à l'hu

manité ; un théâtre ouvre ses portes aux dilettanti ; des bals sont pris d'assaut par les soldats de l'école militaire ; des gigoteurs, dont les jambes ne touchent jamais le sol ; des danseuses, qui empoi-

gnent leurs jupes à pleines mains. Les cafés débordent de consommateurs, les restaurants sont bondés, les bars, remplis de phonos, d'appels et de cris. C'est un vacarme particulier à cette rue étroite et courte, qui recèle en elle toutes les délices populaires, toutes les joies frelatées, tous les mauvais goûts, et qui est une sorte de fête foraine perpétuelle. Vers huit heures et vers minuit, quand la foule entrant dans les salles de spectacle ou en sortant, l'anime avec une force prodigieuse, elle est vraiment comme exaspérée, électrisée, comme prise d'une minute de folie à cause de tant de désirs qui, au milieu d'une apothéose de clarté, s'enfièvrent, et de distractions qui s'offrent avec une prodigalité magnifique et misérable.

« Et lorsque, vers minuit, vous quittez cette rue, ayant encore devant vos yeux et dans vos oreilles le souvenir de l'éclat et du bruit de sa vie intense et que, avenue du Maine ou boulevard Edgar-Quinet, déserts à cette heure, et paraissant alors si larges et si longs, vous côtoyez le cimetière Montparnasse où, probablement, reposent déjà tant de vos amis, vous croyez, ô promeneur attardé, entrer dans un pays hanté par les morts, dont l'invisible présence vous fait songer à l'ombre que vous serez bientôt, et vous appelle irrésistiblement ; et vous avez le sentiment si net de cet appel, qu'il vous étreint d'une angoisse contre

Le Curnonski suédois.

M. FRAUX

Le Citroën de la limonade, à Montparnasse : ses usines ? La Coupole !

laquelle il vous est impossible de vous défendre. »

« Le Montparnasse, ce nouveau Montparnasse, créé par des journalistes en délire, la mode et le bluff, qu'est-il donc au juste ? Deux ou trois tavernes où sont collés aux murs, marines, paysages, portraits, natures mortes ! Elles sont fréquentées par une tribu de peintres, sculpteurs, graveurs, architectes, qui, du matin au soir, y absorbent bocks et cafés-crème. Un grand brouhaha, des exhalaisons de toutes sortes, une poussière venue du champ des cadavres tout proche de là, des batteurs de cartes, des pousseurs de bouts de bois, une circulation, qui, à partir de neuf heures, devient impos-sible, d'acerbes discussions sur le dadaïsme, le cubisme, le surréalisme, le « fauvisme », tels sont les attraits de ces cafés. Les femmes qui s'y agitent n'ont pas la belle insolence des courtisanes boulevardières, poudrées, musquées, plâtrées, arborant à leurs lèvres un rouge sang de bœuf, ayant l'œil cerné par un crayon trop appuyé, et des seins qui, par ces jours de grande chaleur, semblent désirer s'évader de leur mince prison de soie, de tussor, de dentelles. Les filles que l'on y rencontre sont échappées d'un atelier où elles ont montré leur peau pour quelques sous ; elles remuent leurs hanches comme pour faire remarquer qu'elles en possèdent, roulent sur des souliers fatigués et dressent l'oreille dans l'espoir d'un appel rémunérateur.

« Un orchestre pauvre pleure ; il dit la valse des roses ou égrène une romance. Tout cela est étrange, presque suspect, suinte l'alcool, le lait tourné, sent le laisser-aller, l'exténuement, la noce qui végète,

M. SELECT

M. Select bâtit en toute sécurité une fortune copieuse sur le noctambulisme assoiffé qui ne trouve guère de refuge que chez lui, passé deux heures du matin. Mme Select assure la relève avec une autorité à laquelle tout le quartier rend hommage !

les accidents de l'amour, la gue-
nille faiseuse d'épate et de retape.
Certaines tignasses sont redou-
tables, surtout en été ; et certaines

haleines, plus fortes que celles des
cheminées d'usine. Les robes ont
des teintes vert bouteille, rose lie
de vin, jaune ocreux, bleu paon-
né. Une buée, pareille à celle des
lessives, s'élève, l'air devient irres-
pirable, les soupes à l'oignon, les
moules chaudes, les escargots
abreuvés de sauces, répandent une
odeur intolérable. Et de toutes ces
laideurs, de cette beuverie, de
cette mangeaille, de cette atmosphère viciée se dégage une lente
asphyxie contre laquelle il est difficile et bientôt impossible de réagir.
Elle vous prend, vous entête, vous
ankylose, et l'on reste immobile
sur son banc ou sa chaise à regar-
der ces gens qui ne bougent pas,
eux non plus. Ils sont saisis par la
même torpeur, que vous, laquelle
les ramènera demain, après-de-
main, pendant de longs mois, de
longues années, et peut-être, pendant toute leur existence, sous ces
plafonds bas, parmi ces cages où
l'on ne parvient plus à être soi-
même, où l'on est pris et ligoté
par le fluide d'une masse inerte
qui, vous entourant de tous côtés,
paraît vouloir vous empêcher de
sortir. »

JOSEPH DELTEIL

« Voici mon opi-
nion, elle est
malodorante.
C'est l'endroit qui
veut ça ! Montparnasse ! C'est une

CACAHUÈTES !

plaisanterie! Comment, il y a encore des gens qui s'imaginent que l'union fait la beauté ? Je ne crois qu'à la solitude. Ce Montparnasse de rastaquouères et de peintres de navets, cette parlote à soucoupes, ce lieu de perdition, d'anéantissement, qui pue la cervelle liquide et la couille molle, je hais ça ! Les dernières barbes, les derniers rasoirs, les dernières lavallières, toute la défroque de l'esprit, on la trouve là. Montparnasse, ou la merde aux enchères. J'aime mieux un âne au pré. »

LOUIS PAYEN

« Le quartier Montparnasse ! Il est actif et vivant, sans avoir la fièvre irritante et bousculante de quelques autres. Les gens y ont un aspect paisible et de bonne bourgeoisie française. Il est traversé par deux larges voies, boulevards Montparnasse et Raspail, qui lui assurent de l'air et de la lumière. Il offre à tous son jardin du Luxembourg comme un joyau fleuri, et, dans son cimetière, la mort conserve des grâces.

« Les journées y sont sans histoire, et à part quelques foyers effervescents, les nuits y sont calmes et la police y regarde d'un œil indulgent les péripatéticiennes qui, de dix heures à une heure du matin, arpentent le boulevard et autres lieux, en offrant aux passants attardés la coupe des voluptés.

« Le quartier Montparnasse est de plus en plus accueillant pour l'art et les artistes. Les peintres y abondent presque autant qu'à Montmartre, les étudiants trouvent parfois à s'y loger et les étrangers y pullulent. Ils ont établi leur quartier général dans les deux cafés qui se regardent en chiens de faïence, chacun à un coin du croisement des deux boulevards. Il y a quelques années, ces établissements n'étaient que de modestes cafés, sans éclat, aux allures benoîtes. Mais l'invasion de l'élément exotique qui s'est produite pendant la guerre et n'a fait depuis lors que croître et embellir, a donné à la Rotonde et au Dôme une insolente prospérité, qu'ils étalent aujourd'hui avec impudeur. Les locaux ont empiété sur les maisons voisines, tout est flambant neuf, les lumières ruissellent, et, le soir, ces deux antres semblent, de loin, deux phares puissants autour desquels viennent voleter tous les papillons du quartier. La compagnie qui s'y rassemble est extrêmement panachée : à peine y voit-on, hommes ou femmes, quelques figures claires de Français, tout le reste est brun, blond fadasse, café au lait ou chocolat... »

Mais revenons aux points français avec la Closerie des Lilas qui jouxte l'Observatoire et qui eut des heures de splendeur littéraire et poétique au moment où Paul Fort, prince des poètes, y tenait ses assises... Et pourquoi faut-il que le Caméléon d'Alexandre Mercereau ait été expulsé du boulevard Montparnasse par une entreprise de bar américain aux allures mystérieuses et ait dû aller se loger plus haut dans un cabaret du boulevard Raspail ?

Ne dit-on pas qu'une société financière aurait acheté tout un lot d'immeubles sur le boulevard Montparnasse, pour les démolir et installer à leur place un music-hall, tout ce qu'il y a de plus moderne ?... Que le ciel en préserve Montparnasse, qui perdrait ainsi un peu plus de sa bonne physionomie.

Le ciel entendra ! car voici déjà une bonne nouvelle : pour lutter contre l'invasion exotique, de généreux et chimériques esprits viennent de fonder la Principauté de Montparnasse qui réunira tous les

LE GONDOLIER DU DOME

Croise devant les terrasses, assurant ses pas à coups de bâton,.. Ne mendie pas, mais accepte l'aumône, qu'il transforme instantanément en verres de vin blanc. Doit être un fameux philosophe.

OLLE

Barman aux « Vikings ». Des cheveux et un cœur d'or!... Un cœur dont il semble
mettre un morceau dans les cocktails qu'il confectionne, tant il aime sa clientèle. Jouit
d'une popularité qu'il veut ignorer, de peur qu'elle empêche ses colères quotidiennes.

éléments artistiques du quartier et ne comprendra que d'authentiques Français.

Souhaitons bonne chance à ce mouvement légitime de défense.

ANDRÉ DE FOUQUIÈRES

« Il y a deux collines qui dominent Paris : le Mont Martre et le Mont Parnasse.

« Ne cherchons plus, hélas ! dans notre cher Paris, un coin où les Français se sentent tout à fait chez eux. La ruée étrangère a modifié l'âme de Lutèce. Le Mont Parnasse doit cependant, et uniquement, sa gloire et sa consécration, à l'égal du Mont Martre, à l'esprit de chez nous, de ces chansonniers et de ces artistes dont l'esprit et le talent immortels ont des racines aussi profondes que le chêne.

« Notre pays est, par définition, une terre hospitalière. Acceptons, avec le sourire, ces jeunes étudiants étrangers souvent peu fortunés qui se perfectionnent au contact de notre art et de nos maîtres. Ceux-ci donnent au Mont une couleur exotique, souvent sympathique, qui n'est pas sans charme.

« Ne confondons pas ces jeunes gens, sains et honnêtes, admirateurs de notre patrie, avec ces affreux métèques qui se permettent avec une rare audace d'apporter sur notre sol, **chez** nous, des germes d'internationalisme et de révolution. Nous n'avons que faire de ces gens qui ne représentent *rien*, pas même leur pays ! »

PAUL REBOUX « Il me semble que Montparnasse, comme Montmartre, est un symbole de la diminution nationale causée par notre victoire.

« A Montmartre, on ne voit plus que des étrangers : Argentins, Anglais ou Américains, peuplant des cabarets russes ou des boîtes de nuit que gèrent des maîtres d'hôtel italiens, vendant de l'extradry.

« A Montparnasse, des Suédois, des Tchèques, des Norvégiens, des Danois, des Hongrois, des Japonais, des Bulgares nous imposent leur esthétique, leurs compagnes aux jerseys bigarrés de broderies cubistes, leurs idées saugrenues et leurs œuvres qui, comme certains numéros de vestiaire, doivent por-ter un signe permettant, de distinguer le bas du haut.

« Veuillez noter que je ne fais que des constatations.

« Je me réjouis des bons effets qu'aura certainement cette interpénétration intellectuelle. Puisse-t-elle contribuer à nous rendre moins chauvins et, aussi, à nous persuader que les guerres de défense ont pour effet d'ouvrir toutes grandes les portes à l'invasion étrangère ! »

E. FERNAND-DUBOIS « Les débuts de la Horde remontent à un an (1) : affiliés : trois artistes ; en caisse : o fr. 75. Actuellement, nous comptons 800 membres (qui payent leur cotisation) et appartenant à toutes

(1) Il y a aujourd'hui trois ans.

CARL LEM

Où est-il, celui qui fut le Don Juan de la rue Vavin? A Tokio ou à New-York?
Il est quelque part où il y a de bons garçons qui se tapent sur la cuisse quand ils sont
d'humeur joyeuse, et où les femmes — minces et blondes — ont le regard câlin.

GRANOWSKI

Le Cow-boy du Montparno. Dessine au lasso, et peint au revolver. Soigne son genre pittoresque et déjà historique, et stupéfait les terrasses à qui sa présence donne le torticolis.

les professions intellectuelles. Nous avons vendu 85.000 francs de «marchandises » au dernier marché aux navets, et l'organisation de notre bal annuel nous coûta, l'année dernière, 22.644 francs...

« Nous sommes surtout une société d'entr'aide, et nos adhérents sont, en majorité, des Français. On a eu peur, au début, de nos efforts : on croyait à une attaque brusquée de citoyens français voulant conquérir Montparnasse... Il n'en était rien et nous l'avons prouvé, notre seul but étant de nous faire une petite place, comme les autres. Au reste, ces questions de nationalité importent peu !

« Voici la composition de notre état-major.

« *Chef Suprême* : E. Fernand-Dubois.

« *Grands-Chefs* : Hervé Baille, Leroy.

« *Chefs* : D'Ambrosio, Marcel Parturier, Gén. J.-Emile Bayard, Zaliouk, Weiluc, Adol Jean, Daveline, Tito, A. Vallée.

« Notre ambition est d'aider nos amis malheureux, et cela, le plus gaiement possible... A ce propos, voulez-vous annoncer le prochain bal de la Horde, qui aura lieu à Bullier en avril, et dont le titre est « la Horde sous les tropiques » (1). Si vous voulez nous faire l'honneur d'être des nôtres, ajoute le Chef Suprême, je vais d'ores et déjà vous donner un déguisement... »

MICHEL-GEORGE-MICHEL

« Montparnasse est encore, en 1928, un des points, un des creusets intellectuels, les plus intéressants qui soient au monde, en dépit de quelques inévitables hurluberlus qui sont là ce qu'étaient les bohèmes au vieux quartier

(1) Ce bal eut lieu en des temps révolus.

atin qui menaient le tapage et ont fini commis.

« Si le quartier latin a l'université, si Montmartre est une ville entière, Montparnasse, éloignée, dans un quartier pauvre, vit magnifiquement de la seule force de son esprit et donnera, comme elle a donné, les plus grands artistes d'aujourd'hui.

« Ceux-ci, d'ailleurs, se sont assimilés à Paris. Les autres ont subi le sort des fossiles : c'est une loi inéluctable. »

MAURICE-VERNE

« Comme vous le dites spontanément, celui qui a écrit « Les Rois de Babel » doit aimer Montparnasse. Et je suis un des fidèles. J'y vais, entre deux voyages, pour y retrouver une atmosphère de gare maritime, si je puis dire. Je parle naturellement du Montparnasse actuel : Rotonde, Dôme, Jockey, etc... On y voit la vieille fille rentière de Californie faire joujou avec le mot débauche — seduce ô seduce, poor Whitmann ! — et

s'appliquer à l'esthétisme en tous genres, et de grands Bataves au port balancé confectionner des Utrillo, après avoir donné de l'Henri Rousseau et du Matisse.

« Et les littéraires, donc ! Venus de la Vistule et du Guadalquivir pour nous offrir une école !...

« Mais Montparnasse travaille, en dehors de ma gare maritime, et

ÄSTRAND

Le gérant du bar des « Vikings » a une tête de sacristain nordique dont il se sert avantageusement. Il plisse ses yeux malins pour en dissimuler la malice et dodeline la tête aussi benoîtement que possible. Il profite de tous ces avantages pour persuader à chaque client qu'il occupe la meilleure place de l'établissement.

M. W. M. GRAYDON

Toujours en bonne fortune... avec des bouteilles, sinon avec des dames. A acquis droit de cité à Montparnasse, à coups de verres de champagne. Pas tout à fait fâché avec le whisky. Moins brillant qu'au temps de la livre à 250, mais aussi sympathique.

je revis les premiers temps héroï-
ques de la Closerie des Lilas : Paul
Fort, et vous, mon cher Gonzague-
Frick et Apollinaire le délicieux
(dans le sens où Arétin, qu'il
aimait, était le divin), Apollinaire, l'un des derniers à savoir
boire une bonne bouteille de bour-
gogne, en vagabondant chez les
Esséniens.

« Ah ! Montparnasse !

« Et le Caméléon, de l'intrépide
Mercereau, où l'hiver dernier Rachilde sauva, un soir de presse, un
oiseau des marais égaré dans la
mêlée !... Le beau conte à vous
fournir avec l'histoire de cet
oiseau invraisemblable lui aussi en
nos climats.

« Mais le temps passe, et je quitte
Paris ce soir...

« Ah ! Et l'agent de Montparnasse — car j'ai tout connu, à
Montparnasse !... l'agent qui, en
juillet dernier, vers une heure du
matin, nous dressa une contraven-
tion, à Marguerite Durand et à
moi, et à l'auto, la pauvre ! parce
que nous avions dit « Agent » tout
court, en l'appelant, au lieu de
Monsieur l'Agent !... Quelle ingra-
titude, ce Montparnasse officiel !

Montparnasse, ce sont mes dix-
huit ans... pensez qu'à la frontière
— l'Odéon — j'assistai à la mise
au monde émouvante de « l'Œil de
Veau », du terrible Gaston Picard,
et que je fus au baptême du lapin
de la revue Schéhérazade, de Ber-
nouard, dans la maison de Rémy
de Gourmont...

« ...Et parce que tu es un lapin
littéraire, on te nommera Gaston
Deschamps ! » Cocteau avait vingt
ans et Maurice Rostand et ce pauvre et charmant Henri Bouvelet !
Que de souvenirs d'amis ou de
grands aînés, dix-sept ans de souvenirs, alors, vous pensez si je
l'aime, le Montparnasse actuel !

« Je n'ai aucune opinion sur lui, le cher vieux Mont, je lui apporte tout ainsi qu'il sied à l'objet aimé. Et entre deux routes, Londres, Madrid, il me sert — comment dire ? — de transition pour reprendre la vie de Paris — la gare maritime quoi ! »

Voici enfin l'opinion d'un homme de talent, qui vient de s'éteindre, et auquel Montparnasse doit beaucoup de son développement, Paul Husson (1).

PAUL HUSSON

« Apollinaire aimait le quartier de Montparnasse, paysage de plein air et de terrasses, comme il l'appelait. Il y rencontrait des amis, qui vivaient eux aussi dans ce quartier d'élection — non pas parce que quartier d'artistes, mais parce qu'on s'y rencontrait comme en famille entre gens qui pensaient et sentaient un peu de la même façon...

« ...Un jour, quelqu'un viendra peut-être qui écrira cette histoire de Montparnasse en esprit : une part de la grande tragédie de la Poésie et de l'Art d'aujourd'hui. Art international qui se cherche, art à la fois de l'ancien et du nouveau monde : les premiers chants d'Apollinaire, de Max Jacob, de Blaise Cendrars, de Salmon, jusqu'aux poèmes des expressionnistes allemands et aux clameurs étoilées de Marinetti. Montparnasse et ses peintres des premiers temps, ses sculpteurs... retour vers l'âge primitif du monde. Modigliani qui tailla dans la pierre ses longues têtes qui font songer sans doute aux œuvres des primitifs, mais avec quelque chose de plus aigu, une sensibilité moins apaisée : le mystère des temps anciens, notre

(1) Cf. *Montparnasse*, revue.

M. JENSEN

Ce doux vieillard aux paroles mesurées habite avec impartialité tous les cafés et bars de Montparnasse où il crée une ambiance de distinction altérée. Fait un sort aux pires cocktails à des heures même très avancées.

LE « PETIT NAPOLITAIN » ET « LA CIGOGNE »

— Ces messieurs propriétaires...

mystère, le mystère de toujours exprimé en des lignes si pures et si simples. Archipenko, le constructeur peintre cherchant à créer un monde de lignes, de relief, et de couleurs. Les premiers tours de force de génie de Picasso, la pléiade enthousiaste des cubistes, la grave souffrance encore de Modigliani, et plus tard vers le Montparnasse qui se transforme, l'interrogation douloureuse de Loutreuil.

« Montparnasse, tout en esprit, a été le carrefour où se sont rencontrés et se rencontrent encore toutes ces choses.

« Ce n'est pas le doux chant qui monte des campagnes françaises. C'est un chœur étrange fait de douceurs rauques.

« C'est un point d'Europe où l'on peut mesurer la minute tragique qui marque le passage de l'ancien au nouveau monde. »

9

Trop connu pour qu'on en parle. Soyons muet... comme lui.

Le Bal sous les Tropiques

Une des manifestations les plus suivies du tout-Montparnasse nerveux et frétillant, comme aussi de toute la pontiferie locale, c'est le bal de la Horde, qui se déchaîne annuellement à la salle Bullier.

Le « Bal sous les Tropiques » fut un des plus réussis. En voici un compte rendu rétrospectif :

A minuit, l'ambiance était créée et l'on marchait déjà sur les bouchons de champagne. Mais la fête ne battit vraiment son plein qu'un peu plus tard, par une chaleur qui ne craignit pas, elle aussi, d'être tropicale.

« Il manque une femme nue ! » rugit le chef suprême de la Horde, le statuaire Fernand Dubois, en lissant sa belle barbe grise ; « qu'on m'en apporte une sur-le-champ ! »

...En voici cinquante !

Le cortège des modèles du Montparnasse s'ébranle. Sur un pavois, Jeanne de Balzac a pris une pose hiératique, dont l'harmonie est un peu compromise par le manque d'équilibre. Ses porteurs, un faux nègre myope et vacciné de frais, et un « Amour » herculéen, sont ivres morts. Tout comme sur la place de l'Opéra, des agents font circuler : place au défilé !

Un vacarme sans nom ; c'est « l'hymne à la Horde ! »

***

A travers une poussière lumineuse, brusquement révélée par les sunlights de chez Gaumont, des sauvages s'avancent, le corps enduit de produits suspects, pour le plus grand bien de la couleur locale. L'un d'eux a pour tout costume, en plus d'un caleçon un peu court, un petit croquis placé entre ses omoplates : deux chiens qui font l'amour...

« Prenez garde à la peinture ! » s'écrie-t-il avec charité.

Les orchestres s'affolent.

Au pas accéléré, les « beautés », bras en l'air, à cause des seins, passent et repassent devant les opérateurs. Leur corps épouse la cadence des porteurs. Un de ceux-ci s'abat, à moitié étranglé par les cuisses de sa cavalière ; le percepteur de Cucugnan verra ça au cinéma !

L'orgie s'annonce bien, personne ne sera déçu. «C'est un gros succès ! » me dit un des initiés, « on ne compte plus les attentats à la pudeur. »

Une femme perd son pagne et s'en va, sans fausse honte, à pas comptés. Une autre, sur la scène, exhibe avec insistance des charmes bien minces.

Gros succès.

Prix d'entrée : vingt-cinq francs *papier*, disaient les prospectus, faisant confiance à nos alliés d'Angleterre, et à nos amis d'Amérique. Cette confiance, ceux-ci l'ont bien méritée : ils sont soûls et ravis. Toutefois, une dame yankee, offusquée, quitte la salle en disant : « Aoh ! its awfull ! »

Son mari ne bouge pas : il la retrouvera à Chicago !

Un inverti monoclé, démarche molle et robe d'highlander, moissonne trois petits jeunes gens qui ondoient comme des blés trop mûrs.

Foujita semble ravi de l'interdiction qui pèse sur son affiche du bal de l'A. A. A. ; ça ne lui fera rater, bien sûr, aucune danse : « Vous savez bien, me dit-il, que je suis de tous ces bals... et que j'ai valsé au Bal Espagnol, fox-trotté aux Indé-

A su faire du Dôme, grâce à diverses « groceries », « applejam » et autres « quaker oats », une enclave alimentaire — et buvatoire — américaine. Cet Auvergnat a séduit de main de maître (de maître d'hôtel) les gosiers yankees.

pendants ; et je viendrai charles-tonner en mai prochain ! »

Salammbô-J. de Balzac ne re-grette pas d'être venue : « Quelle publicité cela va me faire en Amé-rique ! Ne pensez-vous pas ainsi, cher monsieur ? »

Mais comment donc !

Et voici Simone Melville, le boxeur Billy West, Paul Achard, qui jette un coup d'œil furtif sur la croupe de la noire Aisha... Paul Lombard, devant une coupe de champagne, rumine dans sa courte barbe un pa-pier sur un des frères Boulen-ger.

Georges Schmitt jette un coup d'œil, aperçoit le cow-boy Granowski, et s'enfuit, ef-frayé... Charles de Lagrille

félicite le décorateur Zaliouk.

Là-haut, dans les loges de bal-con, des forces policières s'essaient timidement à faire respecter une morale mal remise de tant de viols successifs.

Mais que de choses sur quoi il nous faut glisser, et pour cause ! Il est difficile, toutefois, de ne pas si-gnaler l'attitude si réservée de cette dame dont un seul collier cachait les charmes évidents (il y a des gens du monde partout) et qui refusa un charleston à un jeune homme parfaitement correct, en lui disant : « Je ne puis danser avec vous, mon-sieur, qui ne m'avez même pas été présen-té ! »

Et elle se couvrit la moi-tié d'un sein...

H. B.

LE COMTE KAROLYI

Même buvant un cocktail, semble préparer un complot. Conspirateur épris de réalités charnues ou liquides, ce Méphisto assoiffé oublie que Trostsky ne fit de politique utile (pour lui) à Montparnasse qu'au prix d'une abstinence complète.

TOUS LES SOIRS: 10
ON DANSE
le Paradis de Montparnasse
et son
LA ROTONDE
ANGE GARDIEN
HBroca

ouverture
prochaine
du plus beau
BAR
AMÉRICAIN...
de Montparnasse
Son Papa ?
LE DÔME.
haroca

OÙ VONT-ILS?
A LA COUPOLE
OÙ L'ON PEUT SE RESTAURER
A n'importe quelle heure du jour et de la nuit
american soda Fountain

LA CIGOGNE
AMERICAN BAR
DANCING
ATTRACTIONS
SOUPERS
27 RUE BRÉA. PARIS 6me
ANGLE DES Bds RASPAIL ET MONTPARNASSE
OUVERT TOUTE LA NUIT

Le Select
99 Boulevard Montparnasse
(coin de la rue Vavin)
OUVERT
TOUTE
LA NUIT
SES SPÉCIALITÉS
SES
WELSH
RAREBIT
99 BOULEVARD
MONTPARNA

LE JOCKEY APPARTIENT A L'HISTOIRE
Le pionnier de Montparnasse
HISTOIRE DE FRANCE
LIBRAIRIE HENRI
LE JOCKEY

A LA GRANDE CHAUMIÈRE...
CARREFOUR RASPAIL-MONTPAR-NASSE
M. DELCAYRE, le Mtre d'hôtel périgourdin
et
M. Maurice DEKOBRA
discutent gastronomie

PENSYLVANIA
MINN
COLORADO
TEXAS
PENS
FLORIDA
NEW-YORK
LOUISIANA
CALIFORNIA
RAH-RAH
KILEY
WWWW
GIN
GIN
GI
GIN
GIN
GIN
Gi
GIN
who greets every
customer at the
COLLEGE-INN
=BY=
THE
YELL OF THEIR
RESPECTIVE COLLEGES FROM
Hudson to San Francisco

BOBINO
un coup de baguette
magique a fait
naître un nouveau
MUSIC-HALL
sur l'emplacement
de l'ancien BOBINO
20
RUE DE LA GAITÉ
MONTPARNASSE
H. Broca

- chez les vikings -

taverne scandinave

31, rue vavin (montparnasse)

• • •

tableaux de l'époque des vikings,
bar américain - buffet froid
Smörbröd - Snaps

• • •

five o'clock tea - journaux scandinaves

tél. littré 20-21 - métro : vavin, nord-sud : n.-d.-des-champs

r. c. seine 38-390

viking restaurant

29, rue vavin (montparnasse)

spécialités scandinaves

servies dans un
cadre évoquant
les plus beaux
paysages nordiques

musique tous les soirs - après 10 h.
même service que "chez les vikings"

tél. littré 90-78 - métro : vavin, nord-sud : n.-d.-des-champs

r. c. seine 226-857

PARIS. — S. G. I. I., 71, RUE DE RENNES. — 1908

9 782329 040905